AF367776

LYDIE

DE GERSIN.

DE L'IMPRIMERIE DE FEUGUERAY,
rue Pierre-Sarrazin, nº 11.

LYDIE DE GERSIN.

LYDIE DE GERSIN,

Histoire d'une jeune Anglaise de huit ans, pour servir à l'instruction et à l'amusement des jeunes Françaises du même âge.

NOUVELLE ÉDITION,

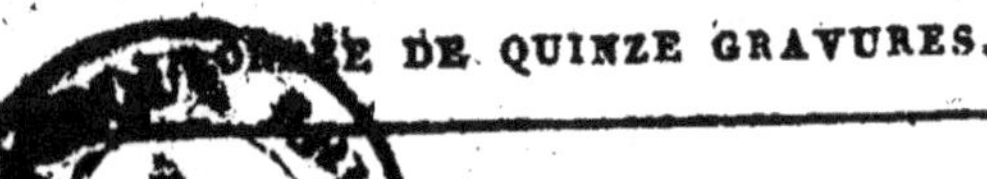

ORNÉE DE QUINZE GRAVURES.

A PARIS,

Chez BILLOIS, Libraire, quai des Augustins, n° 31.

1812.

LYDIE

DE GERSIN.

CHAPITRE PREMIER.

La petite Lydie étoit un jour assise dans un coin du salon, et s'amusoit à lire des historiettes pour les Enfans, lorsqu'elle vit entrer sa mère qui étoit sortie depuis une heure pour des affaires. La petite fille courut vers sa maman avec des transports de joie, et lui dit que sa tante étoit venue la voir et qu'elle lui avoit fait présent de quelques livres fort jolis.

Oh! ma chère maman, s'écriat-elle, il s'agit dans ces livres de petits garçons et de petites filles de mon âge. On y voit tout ce qu'ils ont fait, et s'ils ont été sages ou méchans. Oh! que je voudrois bien avoir d'autres livres comme ceux-là!

Mme DE GERSIN.

Tu aimerois donc beaucoup à lire des histoires sur de jeunes demoiselles bien élevées?

L Y D I E.

Oui, maman; et toi?

Mme DE GERSIN.

Et moi aussi, sans doute. Lire

leurs aventures, c'est comme si on les voyoit agir; et je pense qu'il n'est rien de plus agréable que de voir de bons enfans, jaloux de remplir leurs devoirs, et qui savent ensuite s'amuser, sans être bruyans ou importuns dans leurs plaisirs.

LYDIE.

Oh! comme je m'amuserois à lire de ces jolies histoires!

Mme DE GERSIN.

Et serois-tu bien aise d'en voir une écrite sur toi-même? Penses-tu qu'elle fût jolie?

LYDIE.

J'ai bien peur de n'être pas assez sage pour cela.

Mme DE GERSIN.

Je pense, en effet, qu'il y auroit par-ci, par-là, des traits qui
ne seroient pas à ton avantage;
comme, par exemple, d'avoir
un peu de gourmandise, d'impatience, d'entêtement, d'étourderie, d'être quelquefois brusque
et pleine d'humeur envers ton
petit frère Paulin, lorsqu'il veut
toucher à quelqu'un de tes joujoux.

LYDIE.

Il est vrai, maman; mais
quelquefois aussi je suis bonne. Il
me semble que je voudrois bien
l'être toujours, et j'ai du chagrin
lorsque je ne le suis pas. Je ne sais

comment cela se fait ; mais je
pense que je ne suis pas quelquefois maîtresse de n'être pas méchante.

Mme DE GERSIN.

N'imagine pas cela , je te prie,
ma chère enfant. Tu pourras certainement t'en empêcher lorsque tu le voudras. Je vais te dire
ce qui se passe en toi. Tu suis toujours ta fantaisie du moment, au
lieu d'être constamment décidée
à ne faire que ce qui est bien. Par
exemple, tu te mets quelquefois
à l'étude avec l'intention de bien
apprendre ta leçon : tant que cette
intention se soutient , les choses
vont à merveille ; mais s'il t'ar-

rive de rencontrer quelque légère
difficulté qui t'embarrasse, alors
tes belles intentions s'évanouis-
sent, tu jettes ton livre de côté,
et tu te plains d'être fatiguée.
Une autre fois, tu entres dans la
chambre d'un air joyeux : on te
prendroit pour la plus aimable
petite personne du monde ; mais
si tu viens à t'apercevoir que quelqu'un a pris ta place, ou que tu
ne peux avoir dans le moment
ce que tu voudrois, alors ta figure s'alonge, tu prends un air triste, et je t'entends murmurer entre tes dents. Je suis fâchée, Lydie, que tu t'abandonnes à d'aussi mauvaises habitudes.

LYDIE.

Et que dois-je donc faire, maman ?

Mme DE GERSIN.

Je vais te le dire : il faut d'abord desirer de tout ton cœur d'être bonne; et je me flatte que c'est là ta disposition : ensuite, au lieu de ne songer qu'à faire ce qui te vient dans la fantaisie, tu dois prendre la ferme résolution de ne rien faire de ce que tu crois être mal, ou que je t'aie défendu.

LYDIE.

Et penses-tu, maman, que par ce moyen, je puisse parvenir à être toujours bonne ?

Mme DE GERSIN.

Sûrement, ma chère fille, car il ne tient qu'à toi d'éviter de faire de vilaines choses. Par exemple, à déjeuner, je vois souvent dans tes yeux l'impatience que tu as de recevoir ta tasse et ta rôtie. Si tu réfléchissois alors un seul moment combien cette impatience tient à la gourmandise, penses-tu que tu ne pourrois pas t'empêcher de demander à être servie avant les autres, et de trépigner de dépit de ce que je te fais attendre ?

LYDIE.

Oui, maman, tu as raison. Cela ne dépendroit que de moi.

Mme DE GERSIN.

Oui, sans doute, ma fille, et il en est de même dans toutes les autres occasions. Lorsque tu ne te sens pas disposée à apprendre tes leçons, ou à faire ton ouvrage, tu n'as qu'à penser un peu combien il est nécessaire que tu sois instruite de tout ce que doit savoir une jeune demoiselle, et combien l'oisiveté est blamable. Avec le secours de cette réflexion, tu seras en état de continuer à travailler de ton mieux, sans pousser de vaines plaintes.

LYDIE.

Mais, maman, tu dois en convenir, je ne suis guère indocile pour ma lecture.

Mme DE GERSIN.

Il est vrai; mais c'est parce que la lecture t'intéresse. Or, je voudrois que tu remplisses chacun de tes devoirs par la seule pensée que tu es obligée de t'en acquitter. Alors tu ferois les choses où tu ne trouves pas beaucoup de plaisir aussi bien que celles qui t'amusent. Sur-tout je desirerois ardemment de te voir mieux disposée à obliger tout le monde , plus attentive à veiller sur ton humeur , et à mettre une douce égalité dans ton caractère.

LYDIE.

Mais je suis souvent contra-
riée dans ce que je voudrois, et
alors n'est-il pas tout naturel que
j'en aie du dépit ?

Mme DE GERSIN.

Non, ma fille, il est plus naturel encore de prendre patience,
en se persuadant bien que les
choses ne peuvent toujours aller
au gré de nos caprices. Lorsque
ton frère Paulin entre dans le
salon, et qu'il prend ton livre
ou ta poupée, je crois que tu
aimerois mieux qu'il n'y touchât
pas; mais faut-il pour cela faire
un grand bruit, lui dire des in-

jures, courir après lui, et arracher tes joujoux de ses mains ? Ne vaudroit-il pas mieux lui dire avec douceur : Mon cher Paulin, rends-moi, je te prie, mon livre ou ma poupée. Et s'il ne te les rendoit pas tout de suite, comme ce n'est qu'un petit enfant, ne faudroit-il pas attendre un peu, jusqu'à ce qu'il les quittât lui-même ? quoique tu eusses peut-être desiré de les avoir sur-le-champ. Je puis t'assurer que cela te coûteroit beaucoup moins de peine que de te mettre en colère, de grogner, de frapper du pied, et de te rendre importune à tous ceux qui sont autour de toi. Ne le penses-tu pas aussi ?

LYDIE.

Oui, maman, je commence à le croire. Je ne suis point heureuse quand j'ai de l'humeur et que je te vois fâchée. Je veux essayer sérieusement de me corriger.

En disant ces mots, Lydie jeta ses bras autour du cou de sa mère, qui l'embrassa avec une vive tendresse et lui dit : Je suis contente de ta résolution, et j'imagine un moyen pour la soutenir.

2

LYDIE.

Oh! voyons, voyons, je te prie.

Mme DE GERSIN.

C'est d'écrire chaque soir une petite relation de ce que tu auras fait dans la journée. Le lendemain, lorsque nous serons tous réunis dans le salon pour le déjeuner, je la lirai tout haut; et je pense que tu seras bien plus satisfaite de ma lecture lorsque tu auras été bonne enfant, que lorsque tu auras été méchante.

LYDIE.

Oh! ma chère maman, si je n'ai pas été sage la veille, je ne me soucierois guère de voir mon te

ne

as

e-

us

lé-

et

us

ue

ue

e.

je

ne

on

l'heureux Essai.

la Rechute.

histoíre récitée devant tout le monde.

Mme DE GERSIN.

— Ce sera un petit désagrément, je l'avoue ; mais il ne tiendra qu'à toi de l'éviter par une bonne conduite. Souviens-toi bien que je commencerai ton histoire dès demain au soir.

CHAPITRE II.

L'HEUREUX ESSAI.

Le lendemain, Lydie, en se réveillant, se rappela la conversation qu'elle avoit eue la

veille avec sa mère, et elle résolut de se bien comporter pendant toute la journée. En con-
séquence, elle se hâta de se lever aussitôt que sa bonne fut
entrée dans sa chambre. Elle se
laissa tranquillement habiller,
et remercia poliment Justine de
ses soins. Après avoir fait sa
prière avec beaucoup d'attention, elle descendit dans le salon, embrassa tendrement son
papa, sa maman, ses frères et
ses sœurs, et s'assit au bout de
la table pour déjeuner. Elle attendit sans impatience que sa
mère eût servi tout le monde :
elle ne se jeta point sur les rôties,

comme à l'ordinaire, pour choisir la plus grande ; elle mangea de fort bonne grace, sans trop remplir sa bouche et sans faire de malpropreté.

Après le déjeuner, elle suivit sa mère dans son appartement. On lui avoit fait cadeau d'une fort jolie encognure pour y serrer son ouvrage et ses livres ; elle en tira un volume, alla s'asseoir dans un coin, et se mit à lire d'un ton aisé et naturel, s'arrêtant à la fin de chaque phrase avant de commencer la suivante, et donnant la plus grande attention à sa lecture, afin d'en saisir tout le sens.

Elle s'occupa ensuite de sa leçon de grammaire : elle y trouva des difficultés qui étoient prêtes à la rebuter, et à la mettre de mauvaise humeur ; mais elle se souvint aussitôt que sa mère devoit écrire l'histoire de sa journée. Cette réflexion lui rendit son courage; elle redoubla d'ardeur, et vint à bout d'apprendre un verbe entier qu'elle récita sans faute à sa maman.

Pour se délasser de son application, elle prit un cannevas où elle s'exerçoit à broder des fleurs. Elle y travailla pendant une heure, jusqu'à ce que sa mère lui permît d'aller se récréer dans le jardin. Son frère Charles s'y amusoit à cultiver un petit coin de terre qu'on lui avoit donné ; elle lui offrit ses services, et elle eut même le bonheur de lui donner de fort bons conseils.

A dîner, elle se conduisit aussi bien que pendant le déjeuner. Dans l'après-midi, elle pria sa mère de lui permettre de jouer avec ses cartons de géographie. Elle venoit d'ajuster ensemble tous les États de l'Europe, et se préparoit à dire à sa maman le nom des villes capitales de chaque pays, lorsque son petit frère entra étourdiment dans la chambre, et jetant son chapeau sur la table, brouilla tous les royaumes et toutes les républiques. Lydie étoit sur le point de s'emporter ; mais la crainte de ce que sa mère auroit pu écrire sur ce chapitre vint s'offrir à son esprit. Elle se contenta de prendre doucement le chapeau de Paulin, et de lui dire : Je te prie, mon frère, de n'y plus revenir. Regarde tout le désordre que tu as causé ; il faut que je recommence. Mais le petit garçon, qui trouvoit quelque chose de divertissant à voir ces cartons voltiger, ne les eut pas vu plutôt remis en place, qu'il jeta de nouveau son chapeau sur la table.

Trois fois la sœur eut la patience de rétablir l'ordre dans la géographie de l'Europe, et trois fois le frère eut la malice de le troubler. Lydie, enfin, sans se fâcher, ramassa les cartons, et les remit dans leur boîte, en disant à sa mère : Paulin est aujourd'hui si brouillon, que je ferai mieux de suspendre mes amusemens jusqu'à ce qu'il s'en soit allé. Non, ma chère fille, lui répondit sa mère, il ne te dérangera plus ; j'ai voulu voir jusques à quel point tu porterois la modération, et je suis contente de cette épreuve. Elle prit alors le petit garçon par la main, et lui dit d'un ton sévère que s'il s'avisoit encore de troubler sa sœur, elle le mettroit hors de la chambre; et, en même temps, elle lui donna des estampes pour s'amuser.

Lydie ne se démentit point de toute la journée. Il vint du monde; elle n'importuna personne ni par son babil, ni par des jeux bruyans. Elle s'amusa très-innocemment avec sa poupée jusqu'à l'heure du souper; et lorsqu'elle se retira pour aller se mettre au lit, elle eut le plaisir de recevoir mille tendres caresses de ses parens.

CHAPITRE III.

LA RECHUTE.

LE lendemain, Lydie à déjeuner entendit avec beaucoup de joie le compte que sa maman rendit publiquement de sa conduite de la veille. Il en fut de même les jours suivans. On n'avoit à lui reprocher ni gourmandise, ni paresse, ni mauvaise humeur; et sa maman commençoit à concevoir l'espérance de la voir bientôt se corriger de tous ses défauts. Je suis cependant obligée de vous dire que cette bonne espérance ne fut pas long-temps soutenue.

Lydie avoit une leçon un peu difficile. Ce qu'elle ne pouvoit comprendre la première fois lui seroit devenu intelligible à la seconde étude ; mais le courage vint à lui manquer, et il lui échappa des murmures. Ma fille, lui dit sa maman, je crains que ceci ne figure pas trop bien dans notre histoire ; et prenant le livre, elle voulut lui expliquer ce qui l'embarrassoit ; mais Lydie détourna la tête, et se mit à trépigner. Alors madame de

Gersin posa le livre sur la table ,
et sans dire un seul mot, elle
sortit de la chambre. Elle resta
quelque temps dehors, et lorsqu'elle rentra, elle vit sa fille
tristement assise dans un coin.
Lydie n'osoit lever les yeux sur
sa mère, ni lui adresser la pa-
role. L'idée de la faute qu'elle
venoit de commettre, après la
bonne conduite qu'elle avoit te-
nue pendant une semaine presque entière, et l'honneur qu'elle
s'étoit fait dans tous les esprits,
cette idée, dis-je, l'accabloit de
douleur. Elle auroit donné tout
au monde pour que la dernière
demi-heure qu'elle venoit de

passer pût revenir. Mais, hélas!
tous ses regrets étoient vains!

Après un long intervalle de
silence, sa mère lui dit : A quoi
penses-tu donc, Lydie ?

LYDIE.

Ah! ma chère maman, je
pense à la honte que j'aurai demain, lorsque vous lirez l'histoire de ma vilaine conduite de
tout-à-l'heure.

Mme DE GERSIN.

Je t'avoue, ma fille, que je
n'aurai guère moins de confusion
que toi. Après t'avoir vu goûter
la satisfaction que tu devois
avoir de toi-même, je m'étois

flattée que tu ne tomberois plus dans tes fautes.

LYDIE.

Ah ! maman, il n'y a pas une heure que je m'en croyois bien loin.

Mme DE GERSIN.

J'espère que la honte que tu auras d'entendre le récit de ta folie t'en préservera pour l'avenir. Ce qu'il te reste de mieux à faire, c'est de tâcher de réparer ta faute en recommençant ta leçon. Je suis encore prête à te l'expliquer.

Lydie suivit le conseil de sa mère, et profita de ses offres gracieuses. Elle se comporta très-

bien le reste de la journée ; mais
elle ne fut pas aussi gaie dans ses
jeux qu'elle l'avoit été les jours
précédens ; car le repentir de sa
faute, et la crainte de l'humiliation qui l'attendoit le lendemain, tourmentoient cruellement son esprit.

CHAPITRE IV.

L'AVEU GÉNÉREUX.

LE déjeuner du jour suivant ne
fut pas, comme on l'imagine,
bien agréable pour Lydie. Ce-

l'Aveu généreux.

les Fraises et les Estampes.

pendant, après avoir fait l'histoire de sa faute, madame de
Gersin ajouta qu'elle en avoit
témoigné de la honte et du repentir, que d'ailleurs elle avoit
fort bien appris sa leçon. Ensuite
elle l'embrassa, et dit qu'elle pouvoit répondre pour elle qu'elle
ne se mettroit plus dans le cas
d'avoir à rougir.

Lydie commença sa journée
avec la résolution de ne donner
contre elle aucun sujet de plain-
te. Mais elle n'avoit pas ce conten-
tement intérieur dont son cœur
étoit plein avant sa rechute. Dans
le cours des trois ou quatre se-
maines suivantes, elle fut plu-

sieurs fois sur le point de retomber dans ses premiers défauts. Cependant elle eut la force de se retenir; et souvent lorsqu'elle étoit tout près de se livrer à l'oisiveté, ou de répondre avec aigreur, on la voyoit rentrer tout-à-coup en elle-même, courir se jeter dans le sein de sa mère, et lui dire les larmes aux yeux : Embrasse-moi, ma chère maman, pour m'empêcher de devenir coupable.

Un jour cependant qu'elle étoit dans le jardin avec son petit frère, il se saisit d'un bouquet qu'elle venoit de cueillir dans l'intention de le présenter à sa maman, et se mit à fuir de toutes ses jambes.

Lydie courut à lui pour ravoir son bouquet ; mais le petit garçon ne voulant pas le lui rendre, elle se mit en colère, et dans un premier mouvement elle empoigna les fleurs que son frère tenoit par la tige, et les mit toutes en pièces. Le petit Paulin, ébranlé par la secousse, alla tomber rudement à quelques pas, en poussant de grands cris. Lydie aimoit tendrement son petit frère. Sa colère fut aussitôt oubliée : elle courut le relever et lui demanda pardon. De tendres caresses et une autre fleur qu'elle lui donna, les remirent fort bien ensemble. Personne n'avoit été témoin de cette que-

relle ; et Lydie même ne s'en souvint qu'au moment où elle étoit
prête à se mettre au lit.

Quoiqu'elle ne fût pas absolument exempte de défauts, Lydie
étoit pleine de sentimens d'honneur, et ne pouvoit supporter la
pensée de tromper personne.
Comment laisser dire à sa maman qu'elle avoit été sans repro-
che toute la journée, lorsqu'elle
savoit si bien le contraire ? Cette
réflexion l'occupa durant la nuit ;
et le lendemain au matin, aussitôt qu'elle fut habillée, elle résolut d'aller dire à sa mère ce
qui lui étoit arrivé. Comme elle
passoit devant une croisée du

corridor, elle vit entrer dans la cour une dame qui venoit déjeuner à la maison. Ce fut une cruelle mortification pour elle. Cependant elle continua sa marche, et se rendit dans la chambre de sa maman, à qui elle annonça la visite de sa respectable amie. Elle auroit bien voulu lui confier tout de suite le secret qui pesoit sur son cœur; mais elle ne savoit comment elle devoit commencer. Sa mère lui voyant un air d'embarras, lui dit : Qu'as-tu donc, ma fille ? Tu penses apparemment à ce que j'ai à dire ce matin sur ton compte. Va, ne sois pas alarmée ; je n'ai

qu'une faute légère à te reprocher, et madame de Sercy sera
charmée d'apprendre la satisfaction que j'ai de ta conduite.
Oh! maman, s'écria Lydie, je
ne puis vous tromper ni recevoir
des louanges que je ne mérite
pas. Elle lui fit alors le récit de
tout ce qui s'étoit passé la veille
dans le jardin.

J'aurai bien de la honte, ajou-
ta-t elle, de vous entendre rendre compte de mon emporte-
ment; mais je serois plus honteuse encore de recevoir vos éloges et vos caresses, tandis que je
penserois que si vous aviez su
tout ce que je savois, vous m'au-

riez traitée d'une manière bien différente. Sa maman la prit entre ses bras dans un transport d'affection, et lui dit : Que le Ciel continue de répandre sur toi sa bénédiction, ma chère enfant, et qu'il te conserve cette candeur et cette sincérité qui lui sont si agréables ! Embrasse-moi, ma chère Lydie. Je dirai ta faute; mais le libre aveu que tu viens de m'en faire te fera plus d'honneur que si tu n'avois pas été coupable. Il n'est rien que je ne doive espérer de toi avec des sentimens si nobles. Allons, viens, descendons.

Quelques jours après cette

scène touchante, madame de Gersin reçut une lettre qui lui annonçoit l'arrivée de plusieurs personnes de sa connoissance, que sa fille n'avoit jamais vues, et qui devoient passer quelques jours au château.

Le jour où elles devoient arriver, Lydie alla trouver sa maman, qui se promenoit dans le jardin, et, après avoir un peu balancé, elle lui dit qu'elle avoit à lui demander une grace, c'étoit de ne pas lire son histoire à déjeuner, pendant tout le temps que la compagnie resteroit auprès d'elle.

Mme DE GERSIN.

Et pourquoi donc, ma fille ?

LYDIE.

S'il m'arrivoit d'être méchante, je ne voudrois pas l'entendre dire devant des étrangers ; j'aurois trop à rougir.

Mme DE GERSIN.

Voilà une raison de plus pour être attentive à ta conduite ; ce seroit une folie de négliger un moyen si propre à te corriger de tes défauts.

LYDIE.

Mais, maman, les aller publier devant tout le monde !

Mme DE GERSIN.

Tu ne fais jamais de mal sans être observée par des yeux que tu ne peux tromper.

LYDIE.

Oui, maman, je sais que Dieu les a toujours ouverts sur moi.

Mme DE GERSIN.

Eh bien! ce témoin seul n'est-il pas plus redoutable que tout l'univers ensemble ?

Elles furent interrompues en cet endroit par l'arrivée de leurs nouveaux hôtes. Les paroles de madame de Gersin avoient fait une profonde impression sur l'es-

prit de Lydie, et depuis ce moment elle veilla sur elle-même
avec plus de soin. Pendant les
quinze jours que la compagnie
passa au château, elle n'eut point
sujet d'avoir à craindre la lecture de son journal, où il ne paroissoit tout au plus que des fautes légères. Il lui arriva cependant peu après une petite aventure qui mérite un chapitre par-
ticulier.

CHAPITRE V.

LES FRAISES ET LES ESTAMPES.

Lydie étoit allé passer l'après-midi chez une de ses amies dans le voisinage. Elle rentra par la porte du jardin ; et comme il faisoit encore un reste de jour, il lui vint dans l'idée de cueillir un panier de fraises avec ses plus jeunes sœurs. Le panier fut bientôt rempli, et la petite bande joyeuse se rendit en triomphe dans le salon. Lydie présenta le panier à sa mère, et lui demanda si elle pourroit manger les fraises à son souper avec ses sœurs et son frère Paulin. Madame de Gersin y consentit avec plaisir; elle s'offrit même de lui aider à les éplucher. Lorsqu'elles furent prêtes, et qu'il ne manqua plus que du sucre, Lydie courut à la sonnette pour en demander; mais tandis qu'elle portoit la main au cordon, la porte s'ouvrit, et un domestique entra, tenant une assiette pleine de tartines de confitures qu'on avoit préparées pour le souper des enfans.

Je suis bien fâchée, dit madame de Gersin, que l'on vous

ait fait ses tartines ; mais puisque les voilà faites, vous ne voudrez pas sans doute les laisser perdre. Les fraises peuvent très-bien se garder pendant vingt-quatre heures, et vous les mangerez demain au soir à votre souper.

Cet arrêt ayant été prononcé d'un ton ferme, les enfans virent bien qu'il falloit s'y soumettre sans murmure. Il n'y eut que Lydie qui, après avoir donné l'idée de ce régal, ne put supporter le chagrin d'en être privée. Elle se retira, d'un air boudeur, dans un coin de la chambre. Ce fut en vain que son petit frère et ses sœurs l'appelèrent pour venir souper avec eux. Elle répondit qu'elle ne vouloit rien manger.

Comment donc, ma fille, lui dit sa maman, n'aurois-tu pas mangé des fraises si on les avoit servies ? Voilà des confitures à la place. Il me semble que tu n'es pas fort à plaindre.

Lydie sentoit bien en elle-même qu'il valoit mieux obéir à sa maman que de s'obstiner à bouder. Elle prit cependant ce dernier parti, et répondit qu'elle n'avoit plus de faim.

Puisque tu as perdu si vite l'envie de souper, reprit madame de Gersin, il faut croire que tu es malade ; et dans ce cas, je te

conseille d'aller tout de suite te
mettre au lit.

Lydie pouvoit encore revenir
de son entêtement. Mais une
mauvaise honte l'en empêcha.
Elle sortit brusquement sans embrasser ses sœurs ni sa mère, ce
qui ne lui étoit jamais arrivé.

Avant de se coucher, il falloit
aller prendre sa coiffe de nuit
dans un cabinet de toilette qu'on
lui avoit donné. Lydie, en y entrant, fut surprise de voir de tous
côtés un grand nombre de jolies
estampes, dont les bordures do-
rées rayonnoient dans tout leur
éclat sur le papier fond bleu qui
formoit la tenture. Elle resta

quelques momens dans une ex-
tase muette, les yeux fixes et la
bouche ouverte. Son humeur
s'étoit dissipée dans cet intervalle, et son cœur n'étoit plus
ouvert qu'à des sentimens de joie.
Elle descendit précipitamment
dans le salon pour savoir qui lui
avoit fait ce cadeau. C'est moi,
Lydie, lui répondit froidement
sa mère. Tu avois souvent desiré
d'avoir des estampes dans ton
cabinet ; et comme j'avois été
fort contente de toi ces derniers
jours, je me suis empressée de
remplir tes vœux. J'ai profité,
cet après-midi, de ton absence,
pour décorer ton petit apparte-

ment, dans la vue de te causer une surprise agréable lorsque tu irois te coucher.

Partagée entre la honte et la reconnoissance, Lydie ne savoit auquel de ces sentimens elle devoit obéir. Enfin, elle jeta ses bras autour du cou de sa mère, et répandit sur son sein un torrent de larmes. Oh! ma chère maman, lui dit-elle aussitôt que ses sanglots lui permirent de s'exprimer, quoi! j'ai pu me rendre digne de ta colère, dans l'instant même où tu venois de t'occuper de mes plaisirs! Je ne puis me le pardonner à moi-même. Comment espérer que tu me le pardonnes?

Tu ne m'as point donné de colère, Lydie, lui répondit madame de Gersin. Tu ne m'as inspiré que de la pitié. Je savois combien tu allois souffrir de ta faute. Calme-toi, ma chère fille, et sois bien persuadée qu'il te seroit difficile de choisir, pour m'offenser, un moment où je ne serois pas occupée de ton bonheur.

LYDIE.

Oh! maman, combien tu me fais détester ma mauvaise conduite!

Mme DE GERSIN.

C'en est assez, ma chère fille. Tes larmes t'ont épuisée. Tu dois avoir besoin de souper.

Lydie ne fut pas insensible à ce nouveau trait de bonté de sa maman, qui la rappeloit si doucement à son devoir. Elle fut se mettre à table auprès de son frère Paulin, et prit une tartine de confiture qu'on lui avoit reservée. Elle se mit à manger sans regretter ses fraises ; mais son cœur étoit encore si plein qu'elle avoit de la peine à avaler ses morceaux.

La scène qu'elle venoit d'avoir l'avoit trop vivement émue pour lui permettre de fermer l'œil pendant les premières heures de la nuit. Elle les passa à chercher le moyen de réparer ses torts envers sa mère en se corrigeant de ses défauts. La vue des estampes qu'elle s'empressa d'aller examiner à son réveil, renouvela dans son cœur cette bonne résolution. Elle sentit plus vivement que jamais la nécessité de se vaincre elle-même, et d'y employer toutes ses forces. Ses efforts eurent un succès très-heureux. Après avoir peu à peu déraciné quelques mauvaises habitudes qu'elle avoit contractées, on la vit bientôt acquérir chaque jour de nouvelles qualités et de nouveaux talens. La docilité qu'elle avoit pour les instructions de sa mère, et l'ardeur qu'elle apportoit à ses travaux, lui firent faire des progrès rapides dans l'étude, tandis que sa douceur et l'égalité de son caractère la faisoient chérir de tous ceux qui la voyoient. Chacun s'empressoit de lui témoigner son amitié par mille petits services ; et il n'y avoit point de jeune demoiselle dans la contrée, dont on desirât plus vivement le bonheur.

t
us
et
a
u
y
le
n

la Bienfaisance encouragée.

la Guirlande.

CHAPITRE VI.

LA BIENFAISANCE ENCOURAGÉE.

Un ou deux mois après que madame de Gersin eut entrepris d'écrire le journal de la conduite de sa fille, Lydie étoit à jouer avec quelques-unes de ses compagnes devant la porte du jardin. Son papa lui avoit fait présent d'une petite corbeille de cerises cueillies dans sa serre chaude, et les jeunes demoiselles s'amusoient à les lier, en forme de bouquet, à des baguettes, ainsi que le pratiquent les fruitières, pour les premières cerises qu'elles portent au marché.

Au milieu de ces amusemens, elles virent passer une petite fille assez proprement habillée, qui conduisoit par la main son frère âgé d'environ trois à quatre ans. La petite fille s'arrêta pour regarder le fruit nouveau, dont il n'avoit pas encore paru dans le pays. Cette curiosité n'avoit certainement rien d'offensant; cependant l'une des jeunes demoiselles dont l'orgueil étoit excessif, lui demanda d'une voix insolente ce qu'elle vouloit, et lui dit de passer son chemin, sans avoir l'impertinence de les regarder. La petite fille voulut aussitôt s'éloigner sans répondre. Mais son frère à qui la vue des cerises avoit fait venir l'eau à la bouche, se mit à crier en pleurant : J'en veux manger. Ce qui lui attira à son tour une rebufade de la part de la jeune demoiselle, qui l'appela petit singe, et se mit en devoir de le chasser. La petite fille le prit alors dans ses bras, et l'emporta.

Lydie étoit indignée de la dureté de sa compagne. Comment as-tu pu, lui dit-elle, traiter si cruellement ces petits malheureux ? Pourquoi n'aimeroientils pas les cerises aussi bien que nous, sur-tout dans un temps où elles sont si rares ? Elle courut aussitôt après les enfans, et mit dans la main du petit garçon le bouquet de cerises qu'elle venoit de lier. Tiens, lui dit-elle, mon petit ami, lorsque tu auras fini de jouer avec elles, tu pourras les manger ; mais il faudra en donner à ta sœur. Oh ! oui, répondit-il, toujours à ma sœur la moitié. Tiens, tiens, regarde, Louison.

Mais il faudroit dire : Je vous remercie, mamselle, dit Louison, en faisant une jolie révérence. Merci, mamselle, répéta le petit garçon, avec un joyeux sourire.

Lydie se trouva fort contente d'elle-même en s'en retournant, et ne put s'empêcher de penser que sa maman l'auroit approuvée si elle l'avoit vue ; mais elle étoit trop modeste pour aller lui dire ce qu'elle avoit fait ; et quoique rien ne lui causât autant de plaisir que les louanges de sa mère, elle savoit qu'une bonne action perd tout son prix lorsqu'on la fait en vue de quelque récompense. Cependant ce trait ne demeura pas ignoré. Sa bonne, qui se promenoit alors dans le jardin avec un enfant sur ses bras, avoit vu tout ce qui s'étoit passé. Elle fut si enchantée de la conduite de Lydie, qu'elle courut en rendre compte à sa maîtresse. Madame de Gersin n'en dit pas un mot à sa fille de toute la journée; mais imaginez quelle fut la surprise de Lydie, lorsque le lendemain à déjeuner elle entendit toute l'histoire dans le journal de sa maman ! Il seroit difficile de peindre le plaisir qu'elle ressentit en recevant des éloges aussi doux que ceux dont elle fut comblée. Sa mère lui demanda si elle savoit comment s'appeloient les parens de la petite fille, et où ils demeuroient. Non, maman, répondit Lydie; tout, ce que je sais c'est qu'elle s'appelle Louison. Ses habits sont assez propres, mais je ne la crois pas riche, et les doigts de pied de son frère passoient à travers ses souliers. Si tu veux me le permettre, maman, je lui donnerai le fourreau que je viens de quitter; je pense aussi que les souliers rouges, qui sont devenus trop courts pour Paulin, iroient à merveille au petit garçon. Fort bien, repartit sa maman, je veux te donner le plaisir de faire ces cadeaux. Tu peux les demander de ma part à ta bonne; et puis j'ai dans mon armoire un coupon de grosse toile, j'en taillerai un tablier que tu feras pour la petite fille.

Lydie n'oublia point la permission qu'elle avoit obtenue; elle courut aussitôt chercher le fourreau et les souliers dont elle fit un paquet. Ce n'est pas tout; aussitôt que sa maman lui eut taillé le tablier, elle se mit à le coudre avec autant d'adresse que de propreté. La jeune Duparc vint la voir tandis qu'elle y étoit occupée, et ne put s'empêcher de lui témoigner la surprise où elle étoit de la voir travailler à un ouvrage si grossier. J'admire, lui dit-elle, comment ta mère te laisse user tes jolis doigts sur cette toile dure. C'est un travail qui convient mieux à ta femme de chambre qu'à toi. Voilà une jolie occupation pour une jeune demoiselle de faire des tabliers à de petites paysannes.

Lorsque mademoiselle Duparc se fut retirée, Lydie fit part à sa mère des discours de son amie. Je suis bien fâchée, répondit madame de Gersin, que l'on s'avise de t'inspirer de pareilles idées. Est-ce qu'il seroit au-dessous de toi de te rendre utile à tes semblables? Tes jolis petits doigts, pour me servir de son expression, ne t'ont pas été donnés en vain; et quoique mademoiselle Duparc ne fasse usage des siens que pour pincer les cordes de sa harpe, je pense qu'on peut les employer encore mieux à des ouvrages utiles.

LYDIE.

J'aime bien aussi à m'en occuper, maman.

Mme DE GERSIN.

C'est un de tes devoirs, ma chère fille; mais sur-tout ne crois jamais qu'il soit messéant de travailler pour les pauvres, et de leur rendre tous les services qui sont en ton pouvoir. Les petites filles n'ont pas beaucoup d'argent ; leurs habits ne leur appartiennent pas ; l'unique chose dont elles puissent disposer, c'est leur temps. Si elles consacrent quelques heures de leur récréation à travailler pour leurs pauvres voisins, elles nourrissent et fortifient en elles-mêmes des sentimens propres à les honorer, et font le seul acte de charité peut-être qui soit à leur portée. Tu n'avois pas de tablier à donner à la petite fille, c'est pourquoi je te fais travailler à celui-ci, afin que tu puisses avoir le plaisir de faire un cadeau qui vienne proprement de toi. J'espère que, dans tout le reste de ta vie, tu regarderas comme l'un des plus grands plaisirs celui de faire de bonnes œuvres. Mademoiselle Duparc seroit, je crois, bien honteuse de ce qu'elle t'a dit, si elle étoit mieux instruite de ce que la religion et l'humanité nous prescrivent à ce sujet.

LYDIE.

Sa maman ne la laisse pas manquer d'argent, et je pense qu'elle en sait faire des charités.

Mme DE GERSIN.

Je ne la connois pas non plus d'un mauvais naturel ; mais elle n'a pas un grand mérite de donner quelque chose de son argent, lorsqu'elle en reçoit de sa mère pour ses moindres fantaisies. Elle montreroit un bien meilleur esprit de charité, si elle portoit de moins beaux habits, ou si elle donnoit moins de temps à ses plaisirs, afin de se rendre plus secourable aux pauvres. La charité, ma fille, veut dire l'amour de notre prochain ; et nous sommes bien plus sûrs que cet amour est sincère, lorsqu'il nous porte à nous priver d'une chose qui nous seroit agréable, en faveur des autres, ou à prendre quelque peine pour les obliger.

LYDIE.

Eh bien, maman, au lieu d'aller jouer cet après-midi dans le jardin , je finirai mon tablier. Mais à présent je suis très-fatiguée , et je vais prendre un peu l'air.

Mme DE GERSIN.

Oui , ma chère Lydie ; j'allois t'y engager.

~~~~~~~~~~~~~~~~~~~~~~~~~~~~~

CHAPITRE VII.

***

LA GUIRLANDE.

Lydie eut beau faire exactement le guet, il se passa quelques jours avant qu'elle pût revoir la
~~~~~~~~~~~~~~~~~~~~~~~~~~~~~

petite fille et le petit garçon. Un matin cependant, comme elle étoit assise auprès de la fenêtre, elle les vit venir. Elle descendit aussitôt avec légéreté, et les joignit au moment où ils passoient devant la porte. Dans sa précipitation, elle avoit oublié de prendre les cadeaux qu'elle leur destinoit. Elle les pria de vouloir bien attendre une minute, courut à sa chambre, et revint bientôt avec le tablier, les souliers et le fourreau qu'elle leur donna. Les enfans firent éclater la joie la plus vive en recevant ces présens, et sur-tout le petit garçon qui ne cessoit de s'écrier! Oh!

mes jolis souliers ! mes jolis souliers !

Lydie le fit asseoir sur un banc,
tandis que sa sœur le chaussoit.
Elle voulut ensuite essayer elle-
même le tablier à Louison ; et
après les avoir bien caressés l'un
et l'autre, elle prit congé d'eux.
Elle avoit été si occupée de leur
parure, qu'elle avoit oublié de
leur demander le nom de leurs
parens, et où ils demeuroient. Il
s'étoit passé plusieurs jours, et
Lydie ne se souvenoit presque
plus de ses petits favoris. Un matin qu'elle s'étoit levée de bonne
heure, et qu'elle se promenoit
dans le jardin avant le déjeuner,

elle aperçut quelque mouvement auprès de la porte ; elle courut de ce côté pour voir ce que c'étoit. Elle reconnut bientôt Louison et son petit frère. Ils tenoient à la main une guirlande faite des plus jolies fleurs avec des nœuds de ruban. Q'avez-vous-là, mes amis, leur dit Lydie? et qu'en voulez-vous faire ? C'est un petit présent, répondit Louison, que je vous prie, mamselle, de vouloir bien accepter. Aujourd'hui, c'est le premier dimanche de mai, la fête des fleurs. Ma mère et moi, nous nous sommes levées de bonne heure pour vous faire cette guirlande, dans la pensée qu'elle pourroit vous faire plaisir.

Lydie, transportée de joie, remercia tendrement Louison, et courut dans la chambre de sa maman pour lui montrer sa guirlande. Elle est fort jolie, lui dit madame de Gersin, et la mère de la petite fille nous montre bien de l'attention et de la reconnoissance ; mais tu devrois faire quelque don à ces enfans ; car quoique je pense bien que ce n'étoient pas les vues de leur mère en nous envoyant la guirlande, c'est un usage établi dans ce jour. Va leur porter cet écu de six francs.

Lydie courut de toute sa vitesse; mais il étoit trop tard. Louison avoit reçu ordre de sa mère de ne pas s'arrêter, de peur d'avoir l'air d'attendre quelque chose. Il lui avoit été prescrit de ne pas prendre d'argent, malgré les offres les plus pressantes, mais de le refuser poliment et de dire que sa mère seroit fâchée contre elle si elle en recevoit.

Dans le transport de sa joie, Lydie avoit encore oublié de demander à Louison le nom et la demeure de ses parens. Mais madame de Gersin fut si touchée de l'attention délicate de la mère de la petite fille, qu'elle fit faire des

perquisitions pour la découvrir.
Elle apprit qu'elle se nommoit
Dutems, que c'étoit une femme
très-honnête et très-industrieuse,
qui tenoit une petite école et tra-
vailloit à des ouvrages de cou-
ture.

Lydie, après avoir montré sa
guirlande à tous les gens de la
maison, l'avoit suspendue dans
sa chambre ; et lorsqu'elle avoit
un moment de loisir, elle cou-
roit l'admirer et jouer avec elle.

Le lendemain, à son réveil,
elle ne manqua pas de l'aller vi-
siter ; mais elle vit avec chagrin
que toute sa beauté s'étoit éva-
nouie. Les tulipes avoient la tête

abattue, les autres fleurs étoient flétries, et toutes leurs couleurs fanées. Lydie porta tristement la guirlande à sa mère pour lui montrer combien elle étoit changée. Ma chère enfant, lui dit madame de Gersin, avois-tu oublié que toutes les fleurs sont sujettes à se flétrir ? Elles tirent leur nourriture de la terre ; il faut donc bien qu'elles meurent lorsqu'elles en sont séparées.

L Y D I E.

Mais comment la terre peut-elles les nourrir, maman ?

Mme DE GERSIN.

Comme les sucs de la viande

que tu manges te nourrissent,
de même la fleur attire le suc de
la terre; ce suc circule dans toutes les parties de la fleur et les
alimente. Suivant les différens
canaux où il passe, il prend dif-
férentes couleurs, quelquefois
seulement un beau vert; il est
même des fleurs, comme le lys,
où il ne prend aucune couleur,
et la fleur reste blanche. La terre
est appelée la mère des plantes,
et les nourrit comme une mère
nourrit son enfant. Si la fleur est
arrachée de son sein, elle se flé-
trit, comme ton frère, que je
nourris, périroit bientôt si je
cessois de l'allaiter.

LYDIE.

Tu m'as dit, maman, que c'étoit Dieu qui prenoit soin de moi.

Mme DE GERSIN.

Certainement, ma fille ; et sans le secours de Dieu, la terre ne pourroit nourrir ses plantes, ni la mère son enfant. Mais en général, Dieu se plaît à soutenir les enfans par le moyen de leurs parens. Et comme les parens se font un devoir d'être les instrumens de la bonté de Dieu envers les enfans, de même les enfans doivent se faire un devoir de respecter et de chérir leurs parens, suivant le commandement qu'ils en ont reçu de Dieu même.

L Y D I E.

Aussi, maman, ai-je beaucoup de respect et d'amour pour toi.

Mme DE GERSIN.

Tu sais aussi que je t'aime avec une bien vive tendresse. Je me fais un plaisir de te dire que je fus hier fort contente de toi. Lorsque je t'appelai pour ta leçon, quoique tu fusses occupée à jouer avec la guirlande, tu la quittas tout de suite, et tu vins me trouver. Pour te récompenser de ton obéissance, je veux, cet après-midi, lorsque tu auras rempli tous tes devoirs, te mener chez

l'Ecole de Village.

le petit Agneau.

la mère de Louison, pour lui rendre visite.

Cette partie de plaisir promettoit beaucoup de joie à Lydie ; mais elle n'en fut que plus attentive à bien apprendre ses leçons.

CHAPITRE VIII.

L'ÉCOLE DE VILLAGE.

Le temps fut aussi beau dans l'après-midi qu'on auroit pu le desirer. Madame de Gersin partit avec Lydie, accompagnée d'un domestique , qui portoit dans ses bras le petit Paulin. Ils arrivèrent au bout d'une demi-heure chez madame Dutems. Ils la trouvèrent dans une grande salle fort propre , autour de laquelle on voyoit assis, sur des bancs adossés à la muraille , une vingtaine d'enfans. Louison et son frère étoient du nombre. La petite fille étoit occupée à marquer des mouchoirs , et le petit garçon s'amusoit à regarder les images de son alphabet. Tous les enfans se levèrent à l'arrivée de madame de Gersin ; et comme l'heure de l'école étoit près de finir , leur maîtresse alloit les congédier. Mais Lydie et sa mère prièrent madame Dutems de ne pas les interrompre. On les fit rasseoir. Madame de Gersin examina les livres des uns et les ouvrages des autres, et fit une foule de questions à madame Dutems, sur sa famille et sur ses élèves, tandis que Lydie regardoit avec amitié Louison, et admiroit son adresse et la propreté de son travail. Pour le petit Paulin, il écoutoit de toutes ses oreilles un perroquet perché sur un pupitre, qui répétoit BA, BA. CA, CA. DA, DA, etc. ce qu'il avoit appris en l'entendant répéter aux enfans; et j'avouerai même qu'il y en avoit plusieurs d'entre-eux qui ne le savoient pas aussi bien.

Madame de Gersin avoit apporté de petits cadeaux pour madame Dutems et pour sa famille. Ils furent reçus avec beaucoup de reconnoissance. Les écoliers s'étant bientôt retirés, madame Dutems invita ses hôtes à passer dans le jardin, où elle leur fit servir à goûter; le repas fut joyeux, et madame de Gersin se retira fort satisfaite de sa visite, ainsi que Lydie et Paulin.

CHAPITRE IX.

LE PETIT AGNEAU.

Quelques jours après cette visite, Lydie vit de sa fenêtre la petite Louison qui tenoit sous son bras quelque chose qu'elle paroissoit avoir beaucoup de peine à porter. Lorsque la pauvre enfant fut arrivée devant la porte du château, elle s'arrêta, et regarda à travers le trou de la serrure, n'osant prendre la liberté de tirer la sonnette. Lydie étoit déjà descendue pour savoir ce qu'elle demandoit. Quelle fut sa surprise de voir dans les bras de Louison un petit agneau âgé tout au plus d'une quinzaine de jours! Il avoit été donné à Louison par un fermier dont les enfans alloient à l'école chez sa mère. Louison lui avoit mis autour du cou une guirlande de fleurs des champs. Elle venoit le présenter à Lydie, et l'obligea, par ses prières, de vouloir bien l'accepter. Au milieu de sa joie, Lydie se souvint fort à propos que sa mère avoit eu l'intention de donner quelque chose à Louison pour sa guirlande de fleurs : elle pria la petite fille d'attendre qu'elle eût été montrer l'agneau à sa maman. Elle revint bientôt avec un écu de six francs qu'elle voulut mettre dans la main de Louison; mais celle-ci ne consentit jamais à le prendre, disant que l'agneau ne lui avoit rien coûté, non plus que les fleurs de la guirlande, et que sa mère lui avoit absolument défendu de rien recevoir.

Mais au moins, reprit Lydie, tu ne refuseras pas de déjeuner avec moi. Elle la prit aussitôt par la main, la fit asseoir sur un banc, et courut, avec la permission de sa mère, chercher dans l'office un gâteau, et cueillir dans le jardin des fraises et des cerises. Elles mangèrent ensemble de fort bon appétit, et virent arriver avec regret le moment de se séparer. Lydie fit alors à Louison une petite provision de fruits et de friandises pour son frère ; et Louison ayant donné un tendre baiser à l'agneau, prit congé de Lydie, en lui recommandant de bien soigner le petit animal, de lui donner deux ou trois fois par jour du lait chaud, et de le retirer la nuit dans sa chambre.

On croira sans peine que Lydie destina dès ce jour une partie des heures de sa récréation aux soins qu'exigeoit son élève. Il étoit à la vérité d'une tournure charmante, et ses tendres bêlemens auroient fait naître un vif intérêt dans un cœur encore moins sensible que celui de Lydie.

Le plaisir que lui donnoit cette innocente créature la conduisoit naturellement à penser à la bonne Louison, et à s'entretenir sur son compte avec sa maman. Elle lui faisoit observer que Louison, quoiqu'elle fût pauvre, et qu'elle ne fût jamais allée dans la bonne compagnie, se conduisoit toujours d'une manière décente, et

parloit avec beaucoup de douceur et de politesse.

Ma chère enfant, lui répondit
madame de Gersin, lorsqu'on a
une modeste opinion de soi-mê-
me, et que l'on veille avec soin
sur toutes ses paroles et toutes ses
actions, il arrive rarement que
l'on dise ou que l'on fasse quelque chose dont on ait à rougir.

La crainte d'offenser les autres nous rend polis et réservés,
et si nous nous attachons à parler toujours d'une manière obli-
geante, nous ne serons pas en
peine de trouver les expressions.
C'est l'étourderie et la vanité
qui gâtent nos actions et nos ma-

nières, et ces défauts sont insup-
portables dans un enfant, soit
qu'il doive la naissance à des
parens riches ou à de pauvres
gens. Les enfans ne peuvent se
rendre agréables que par la sou-
mission et la douceur, par des
manières respectueuses envers
tout le monde. Comme ils n'ont
point encore de connoissances,
et qu'ils ne disent ou ne font rien
qui puisse mériter l'attention,
ils doivent regarder les autres
comme au-dessus d'eux, quelle
que soit leur naissance, et se
croire obligés envers toutes les
personnes qui daignent s'occuper
de leurs plaisirs ou de leurs be-

soins. Les amis de notre maison, ainsi que les domestiques,
te montrent de la bienveillan-
ce, et ne perdront pas ce senti-
ment, tant que tu continueras de
te bien comporter envers eux.
Mais lorsque les enfans s'avisent
de vouloir disputer avec les gran-
des personnes, de leur parler
insolemment, ou de prétendre
savoir mieux qu'elles ce qu'il faut
faire, ils se rendent aussi ridi-
cules que désagréables. Ce qui te
plaît dans Louison, c'est qu'elle
semble n'avoir d'autre desir que
de se trouver avec toi, de faire
ce qui pourra te donner du plaisir et de te montrer sa recon-

les Sacs à Ouvrage.

la Visite.

noissance ; c'est aussi ce qui te
fera aimer de tous ceux qui t'en-
vironnent, s'ils trouvent en toi
les mêmes dispositions.

CHAPITRE X.

LES SACS A OUVRAGE.

Pendant le cours de l'été, une
tante de Lydie, qui demeuroit
dans les environs, fut obligée
d'entreprendre un grand voyage.
Comme elle ne pouvoit emme-
ner avec elle sa fille Henriette,
elle pria madame de Gersin de

vouloir s'en charger jusqu'à son retour.

Henriette étoit à-peu-près de l'âge de Lydie, et quoique les filles aînées de madame de Gersin eussent pour elle beaucoup de soins et de complaisances, Lydie étoit sa compagne favorité, et elle se plaisoit extrêmement dans sa société.

Un jour, une dame, liée d'une étroite amitié avec la famille, vint lui rendre visite, et fit présent à chacune des deux petites demoiselles d'un sac à ouvrage de satin, enrichi d'une broderie en or. Il y avoit dans chaque sac une ménagère, avec des aiguilles et de la soie, un dez d'argent, une paire de ciseaux d'acier fin, et de plus, une belle bande de mousseline, faufilée sur un joli dessin, pour en faire un tour de gorge.

Henriette, quoique d'un excellent caractère, étoit extrêmement étourdie et encore plus négligente. Elle avoit l'habitude de laisser ses livres, ses joujoux, ses poupées dans tous les coins de la maison ; en sorte qu'elle avoit souvent le chagrin de les perdre, ou de ne les retrouver que dans le plus mauvais état. La dame qui venoit de lui faire ce présent, ayant appris qu'elle

avoit un si triste défaut, lui re-
commanda particulièrement d'a-
voir bien soin de son sac à ouvrage ; et elle exigea des deux petites amies que chacune d'elles
portât son sac lorsqu'elles iroient
la voir.

Pendant les premiers jours,
Henriette oublia rarement de
remettre toutes ses petites affaires en leur place, et d'en prendre
soin. Un matin, elle étoit allée
avec Lydie travailler au frais
dans un pavillon du jardin. Lydie, lorsqu'elle eut fini son ouvrage, le mit dans son sac qu'elle
passa à son bras : Henriette en fit
de même ; mais en sortant du pa-

villon, elle eut envie d'aller cueillir quelques fleurs pour en faire
un bouquet. Comme le sac la
gênoit dans ses opérations, elle
le posa sur une pièce de gazon
voisine ; pendant qu'elle arran-
geoit les fleurs, elle vit le petit
agneau de Lydie, qui passoit sa
tête à travers les barreaux d'une
palissade, et poussoit des bêlemens pour l'appeler. Elle courut
à lui, le caressa, lui donna à
manger dans sa main, et ne cessa
de jouer avec lui, qu'en pensant
tout-à-coup qu'elle auroit à peine
le temps de s'habiller pour le
dîner.

Le sac étoit resté sur le gazon.

Henriette ne s'en souvint que dans la soirée, lorsqu'elle voulut reprendre sa broderie. Elle courut aussitôt le chercher : elle le trouva ; mais dans l'état le plus déplorable. Il étoit tout en lambeaux , couvert de sable et de boue ; la ménagère et la mousseline étoient déchirées ; les ciseaux, le dez et les aiguilles étoient dispersés. Ceux d'entre vous qui ont reçu quelque cadeau d'une main chérie, et qui l'ont vu détruit par leur négligence, pourront se faire une idée du chagrin que la petite fille ressentit à la vue de ce désastre. Elle resta d'abord stupide d'étonnement ; elle se mit ensuite à examiner toutes les pièces l'une après l'autre, et lorsqu'elles les vit entièrement délabrées, elle ne put s'empêcher de verser des larmes, et de pousser de tristes lamentations. Le jardinier, ayant entendu ses cris, accourut de l'autre bout du jardin, pour savoir ce qui lui étoit arrivé. Elle lui raconta ses malheurs, et lui demanda qui pouvoit lui avoir joué ce vilain tour. Le jardinier répondit que c'étoit grand dommage; mais qu'il ne doutoit pas que ce ne fût le petit chien, parce qu'il l'avoit vu roder dans les environs.

Henriette ne vit d'autre parti à prendre, que de ramasser les morceaux, et de les porter tristement à la maison. Ceux même qui blâmoient sa négligence, ne purent s'empêcher de lui témoigner de la pitié. Elle trouva surtout des consolations dans l'amitié de la tendre Lydie, qui essuyoit ses larmes en pleurant avec elle.

Le lendemain, comme elles s'entretenoient ensemble de cet accident, Henriette dit que son plus grand chagrin étoit de penser que madame de Salvières qui lui avoit fait ce cadeau, ne manqueroit pas de savoir qu'elle en avoit

u si peu de soin, et qu'elle ne
pouvoit soutenir l'idée de la voir
fâchée contre elle. Mais, ajouta-
elle, la femme de chambre m'a
dit qu'elle avoit un morceau de
atin justement de la même cou-
eur que mon sac, et que sa cou-
ine qui étoit marchande de mo-
des le lui broderoit comme l'au-
re, qu'elle feroit aussi une ménagère toute pareille, et qu'ainsi je
n'aurois qu'à me procurer de la
mousseline, et à me faire copier
un dessin sur le morceau qui
m'est resté : de cette façon, madame de Salvières ne sauroit rien
de l'accident. Quant à ta maman,
elle est sortie, et je recomman-

derai à tout le monde qu'on ne lui
dise pas un mot de cette aventure.

Tu sais quelle est mon amitié
pour toi, lui répondit Lydie, et
combien je serois fâchée de te
voir du chagrin. Mais je ne puis
approuver le complot que tu me
proposes, et je suis sûre que tu
ne l'approuves pas toi-même au
fond de ton cœur. Si tu ne peux
à présent soutenir l'idée de voir
madame de Salvières, je pense
que tu seras bien plus effrayée
de la voir, lorsque tu songeras
que dans le même instant tu cherches à la tromper. Combien il te
seroit cruel de t'entendre donner
des éloges sur le soin que tu as

pris de ton sac à ouvrage, en sentant en toi-même les reproches que tu as à te faire à ce sujet! Quand personne ne découvriroit le mystère, tu serois malheureuse; et s'il venoit à se découvrir, que ferois-tu?

Ah! tu vaux bien mieux que moi, ma cousine, s'écria Henriette, en se jetant dans ses bras. Maintenant que tu m'as fait envisager la chose, je sens bien que maman seroit indignée contre moi du parti que je voulois prendre. Il n'y en a pas d'autre que d'avouer tout à madame de Salvières. Mais combien j'aurai de confusion!

CHAPITRE XI.

LA VISITE.

QUELQUES jours après cette aventure, toute la famille de madame de Gersin reçut une invitation à dîner de la part de madame de Salvières. Lydie, avant de partir, voulut prendre conseil de sa maman sur la conduite qu'elle devoit tenir. Maman, lui dit-elle, il vaudroit mieux, je crois, ne pas emporter mon sac. Cela donneroit trop de mortification à la pauvre Henriette. Il sembleroit que je voudrois faire voir que j'ai été plus soigneuse qu'elle. Cependant je ne voudrois pas paroître incivile aux yeux de madame de Salvières, qui m'a recommandé d'avoir mon sac quand j'irois chez elle.

Lydie reçut les plus tendres caresses de sa maman pour sa délicatesse et sa générosité. Madame de Salvières, lui dit-elle, qui doit déjà savoir l'histoire de ta pauvre cousine, devinera aisément la raison qui t'aura fait laisser ici ton sac, et elle t'en saura bon gré. Pour Henriette, je ne doute pas aussi qu'elle ne t'en ai-

me plus tendrement , en voyant
le sacrifice que tu fais à la crainte
de la voir humiliée.

La voiture étoit déjà prête ; et
madame de Gersin y monta avec
Henriette , Lydie et sa fille aînée.

La pauvre Henriette servit à
prouver ce jour-là , par son exemple , combien une simple étourderie peut entièrement détruire
le bonheur. Elle avoit long-temps
attendu avec une vive impatience
le jour où elle devoit être invitée
chez madame de Salvières ; mais
sa malheureuse négligence avoit
si fort changé ses dispositions ,
qu'elle redoutoit alors cette vi-

site, et qu'elle auroit bien voulu demeurer au château. Elle fut très-sérieuse pendant tout le chemin, quoique Lydie fît tout ce qui lui fut possible pour la distraire, en lui montrant les fleurs qui brilloient sur les buissons, les oiseaux qui voltigeoient sur les branches, et les voitures élégantes qui rouloient sur le chemin.

Madame de Salvières fut charmée de voir arriver sa compagnie, et sur-tout les deux plus jeunes demoiselles. Elle examina d'un coup - d'œil si elles avoient apporté leurs sacs à ouvrage, mais sans leur en parler.

Henriette et Lydie s'étant assises après les premiers complimens, elles aperçurent sur une table au bout du salon deux petits berceaux où étoient couchées deux belles poupées. Elles se doutèrent bien que ces présens leur étoient destinés ; et cette pensée augmenta la douleur et la confusion d'Henriette. Recevoir un second cadeau, lorsqu'elle avoit eu si peu de soin du premier, cela blessoit sa délicatesse. Quelques instans après, madame de Salvières demanda à Lydie si elle avoit brodé son tour de gorge.

Oui, Madame, répondit Lydie.

Et pourquoi donc, mon en-
fant, reprit madame de Salvières, ne l'avoir pas apporté pour
me le faire voir ? Je suis sûre qu'il
est travaillé avec beaucoup de
propreté, et je me serois fait un
plaisir d'admirer votre ouvrage.
Le vôtre est-il aussi achevé, Henriette ?

La pauvre Henriette ne put y
tenir plus long-temps, et fondit
en larmes. Sa tante eut la bonté
d'expliquer à madame de Salvières le sujet de ses pleurs, et
de dire combien elle avoit eu de
regret de son étourderie ; elle
lui dit aussi la délicatesse qu'a-
voit eue Lydie de ne pas faire

parade de son sac qui étoit resté en très-bon état au château.

Voilà une charmante enfant, s'écria madame de Salvières, et j'ose croire qu'elle sera une excellente gouvernante. Elle se fit aussitôt apporter les deux berceaux. Le premier avoit des rideaux de mousseline brodée, avec des rubans et des franges roses; il y avoit dedans une poupée habillée en garçon, d'un fourreau de satin rose, avec un ruban vert de pomme à son chapeau, et une ceinture de la même couleur. Le second avoit aussi des rideaux de mousseline brodée, avec des rubans et des franges lilas ; il y avoit dedans une poupée habillée en fille, d'un fourreau de satin lilas, avec un ruban bleu autour de la tête, et une ceinture blanche autour du corps.

Après avoir laissé aux deux jeunes demoiselles le temps de contempler les berceaux, madame de Salvières s'adressant à Lydie lui dit : Votre bonne conduite vous donne, je crois, le privilége de choisir la première : prenez celui qui vous plaira davantage. Henriette voudra bien accepter l'autre, et je me flatte qu'elle ne laissera pas roder de chien à l'entour.

Lydie demanda la permission

de céder l'honneur du choix à
sa cousine, et la pressa de dé-
clarer son goût; mais Henriette
refusa constamment. Ce combat
généreux ayant duré quelques
minutes, madame de Gersin dit
à Lydie qu'il falloit parler la
première, puisqu'elle ne pouvoit
y décider Henriette.

Lydie desiroit sur-tout qu'Henriette fût contente de son par-
tage; et comme le premier berceau étoit celui qu'elle auroit
préféré, elle imagina qu'il seroit
aussi beaucoup plus du goût de sa
cousine c'est pourquoi elle retint
le second. Henriette prit l'autre
avec joie, et promit bien de le ga-

rantir avec soin de toute espèce
d'accident.

Tout le monde avoit été sur-
pris du choix de Lydie, et sa
sœur aînée le lui fit sentir : Lydie ne répondit rien ; mais madame de Salvières, qui soup-
çonnoit ses motifs, demanda à
Henriette quel étoit celui des
deux berceaux qu'elle trouvoit
réellement le plus joli ; Henriette
répondit que c'étoit celui qu'elle
avoit eu, qu'elle se doutoit bien
que Lydie ne le lui avoit laissé
que pour lui faire plaisir ; mais
aussi qu'elle ne l'avoit accepté
que pour engager Lydie à le
prendre.

Vous êtes l'une et l'autre d'ai-
mables enfans, leur dit madame
de Salvières, et je vous laisse
terminer entre vous ce combat
généreux. Malgré sa résistance,
Lydie fut obligée de consentir à
l'échange qu'Henriette avoit pro-
jeté. Elles s'amusèrent très-joli-
ment ensemble avec leurs poupées jusqu'au moment de leur
départ; et Lydie eut la douceur
de voir au retour son amie in-
finiment plus gaie et plus heureuse qu'elle ne l'avoit été le
matin.

ai-
me
isse
bat
e,
r à
ro-
li-
ou-
eur
eur
in-
eu-
le

la Corbeille renversée.

le jour de Naissance.

CHAPITRE XII.

LA CORBEILLE RENVERSÉE.

Un jour que Lydie se promé-
noit dans la campagne avec sa
maman, ses sœurs et sa cousine,
elle vit une petite fille assise sous
une haie, et qui pleuroit amèrement. La voix de la douleur
n'avoit jamais frappé vainement
l'oreille de Lydie; elle courut
avec Henriette vers la petite fille, et lui demanda ce qu'elle
avoit à pleurer.

10

LA PETITE FILLE.

Oh ! ma chère demoiselle, que vais-je devenir ? Mes œufs sont presque tous cassés. Et ma mère, que dira-t-elle ? Comme elle va se mettre en colère ! Je n'oserai jamais retourner à la maison.

LYDIE.

Ne t'afflige pas davantage, ma pauvre petite. Je t'assure que ta mère ne se fâchera pas. Ma bonne maman au moins ne se fâcheroit pas si elle étoit à la place de la tienne.

LA PETITE FILLE, en sanglotant.

Votre maman, à la bonne heure ; mais pour ma mère, elle

va, me battre. Je devois avoir
trente sous de mes œufs, et en
acheter du pain.

LYDIE.

Tu n'as pas cassé tes œufs ex-
près, sans doute. Comment cela
t'est-il arrivé ?

LA PETITE FILLE.

Maman en avoit mis trois
douzaines dans cette corbeille ;
elle les avoit entremêlés de paille,
et m'avoit dit d'aller les vendre
à la ville sans m'arrêter. J'ai
marché sans m'arrêter jusqu'à
ce champ ; là, j'ai vu dans la
haie des mûrs si appétissantes
que j'ai voulu en manger : je ne

faisois tort à personne de les cueillir. J'ai posé ma corbeille à terre pour atteindre à de hautes branches. Pendant ce temps, il est venu un gros chien qui a fourré son museau dans ma corbeille, et puis il l'a renversée, et il a cassé presque tous mes œufs. Maintenant je ne puis avoir ni les trente sous que je les aurois vendus, ni le pain que j'en aurois acheté. Ma mère l'attend pour donner à manger à mes petits frères, et je ne sais ce qu'elle me fera lorsqu'elle me verra revenir les mains vides.

Pendant cet entretien, madame de Gersin et ses filles aînées

avoient eu le temps de s'appro-
cher, et d'entendre le triste récit de la petite fille. Ma pauvre
enfant, lui dit madame de Gersin, je suis fâchée du malheur
qui t'est arrivé; mais tu vois
maintenant ce que c'est que de
ne pas suivre exactement les ordres de ses parens. Les enfans
croient toujours en savoir autant
qu'eux; mais ils s'y trompent
toujours, et il leur en arrive quelquefois de grands chagrins. Ta
mère t'avoit dit d'aller à la ville
sans t'arrêter, parce qu'elle savoit bien que si tu t'amusois à
jouer, ou à penser à autre chose
qu'à tes œufs, tu courois mille

fois le risque de les casser. Si tu avois observé ses ordres, il y a toute apparence qu'il ne te seroit pas arrivé de malheur. Ta mère aura donc sujet de te faire des reproches lorsqu'elle saura comment cet accident est arrivé.

LA PETITE FILLE.

Oui, Madame, vous avez bien raison ; c'est justement ce qui la mettra en colère ; elle m'auroit plutôt pardonné si mes œufs avoient été cassés d'une autre manière. Un petit garçon, qui vient de s'en aller, m'a conseillé de dire qu'en voulant passer sous une barrière, je me suis cogné le dos, et que la corbeille m'est échappée des mains; mais je n'ai jamais dit de mensonge, et je ne voudrois pas commencer aujourd'hui à mentir.

Mme DE GERSIN.

Je vois que ta mère est une brave femme, puisqu'elle t'a donné de si bonnes instructions.

LA PETITE FILLE.

Oh! oui, Madame. Elle m'a toujours défendu de mentir pour aucun sujet; et si elle venoit à savoir que je l'ai trompée, elle me battroit encore dix fois plus fort.

Mᵐᵉ DE GERSIN.

Sois bien sûre que tu te ren-
drois malheureuse pour toute la
vie, en t'accoutumant à mentir.
Tu as déjà fait une faute, et tu
vois combien elle te donne de
chagrin. Ce seroit bien pis, si
tu devenois plus coupable en
manquant à la vérité. Quand ta
mère ne découvriroit pas la trom-
perie, elle t'aura appris sans
doute que Dieu voit tout ce que
tu fais, et que si tu cherches à
te tirer d'embarras par le mensonge, tu perds aussitôt sa grâce
et sa bénédiction. Puisque tu es
une si bonne fille, je te promets

que ta mère ne sera pas aussi en colère que tu le crois. Va porter de ma part au château les œufs qui te restent. Voici les trente sous que tu aurois eus de ta corbeille; tu pourras en acheter du pain, et ta mère n'y aura rien perdu. Je veux que tu m'apportes d'autres œufs quand tu en auras à vendre; je serai bien aise de te voir.

La pauvre petite fille reçut l'argent avec des transports de joie et de reconnoissance. Lorsqu'elle fut partie, madame de Gersin fit observer à sa fille que l'on trouve quelquefois une récompense actuelle dans l'exer-

cice de ses devoirs. Si la petite fille, dit-elle, avoit suivi le
conseil du petit garçon, et s'é-
toit décidée à dire un mensonge
à sa mère, elle seroit probable-
ment partie tout de suite, et elle
auroit été dans un autre champ
quand nous sommes venus ici;
en sorte que nous n'aurions pas
pu la tirer d'embarras. J'espère
que la rigueur de sa mère sera
adoucie à la vue du pain que la
petite fille va lui apporter; et lorsque celle-ci aura rendu compte
de sa conduite, elle recevra des
louanges au lieu des reproches
et des coups dont elle auroit été
accablée, si son mensonge avoit

été découvert, comme il l'auroit été infailliblement.

* * *

CHAPITRE XIII.

LE JOUR DE NAISSANCE.

LYDIE, ainsi que je crois l'avoir déjà dit, avoit des frères et des sœurs plus âgés qu'elle. L'un de ses frères, nommé Vincent, sembloit être destiné, par son heureux naturel, à faire le bonheur de sa famille. Obligeant envers tout le monde, il avoit une affection particulière pour Lydie. Un jour qu'il se promenoit avec elle et sa mère dans un petit coin du jardin que Lydie avoit obtenu de ses parens pour le cultiver, il y vit une grande quantité de fraises, et il demanda à sa sœur s'il pouvoit en goûter quelques-unes. Non, je te prie, mon frère, lui répondit Lydie, n'en cueille pas aujourd'hui. Je les garde pour vous régaler tous demain : c'est mon jour de naissance. Est-il vrai, repartit Vincent ? Eh bien ! maman, continua-t-il, en se tournant vers sa mère, je veux aller aujourd'hui à la pêche pour voir si je ne pourrai pas avoir un plat de poisson pour le dîner.

Je vais partir tout de suite. Ne soyez pas en peine, maman, si je ne reviens pas pour dîner ; je vais prendre des provisions dans ma poche : voulez-vous me le permettre ? Oui, mon fils, répondit madame de Gersin ; puisque tu veux fournir ton plat, je fournirai aussi le mien : je vais commander un gâteau.

Vincent alla prendre sa ligne et ses hameçons, et il partit. On ne l'attendit pas à dîner ; mais comme il n'étoit pas encore de retour assez tard dans la soirée, sa mère commença à prendre de l'inquiétude. Elle alloit envoyer un domestique pour le chercher, lorsqu'il arriva sa ligne à la main, mais sans un seul poisson dans son panier.

Je suis bien fâché, ma chère sœur, lui dit-il, de n'avoir pas de poisson à t'offrir ; mais lorsque tu sauras ce qui vient d'arriver, j'espère que tu ne m'en voudras pas. Je n'avois rien pêché de la journée ; ce n'est que vers le soir que le poisson a commencé à mordre, et j'ai pris deux belles truites. Je m'en revenois fort content de mes succès, lorsqu'après avoir marché environ trois cents pas, j'ai entendu du bruit de l'autre côté de la haie, et j'ai distingué une voix qui disoit : Il faudra que tes frères et tes sœurs aillent se mettre au lit sans souper. Les pauvres créatures ! je ne leur ai donné qu'un morceau de pain dans la matinée ; j'ai peur qu'elles ne meurent de faim.

La haie étoit si épaisse, que je ne pouvois voir qui parloit, jusqu'à ce que je fusse arrivé à la barrière. Alors j'ai reconnu ce pauvre petit garçon qui vient quelquefois nous porter du poisson à la cuisine. Sa mère étoit à son côté. Sa figure étoit pleine de tristesse. Je lui ai demandé ce qu'elle avoit. Elle m'a dit qu'elle étoit partie le matin de chez elle avec son fils pour aller acheter du poisson et le revendre ; qu'elle avoit fait des économies depuis bien des jours pour ramasser jusqu'à un écu, et l'employer à ce petit commerce, afin de vivre sur le profit. Elle n'avoit pas trouvé de poisson à acheter, et elle s'en retournoit à sa chaumière. Comme elle avoit un trou dans sa poche, elle avoit donné son argent, qui étoit tout en monnoie, à garder à son fils. Elle avoit eu l'imprudence de lui demander en chemin s'il avoit bien serré son argent. A ces mots, un homme avoit sauté par-dessus la haie, et prenant le petit garçon au collet, lui avoit dit : Voyons cet argent, j'en aurai soin pour toi. Aussitôt il s'étoit mis à fouiller dans ses poches, et lui avoit pris tout ce qu'il avoit. Hélas ! ajoutoit la pauvre femme, je n'aurai donc rien à donner à mes enfans ! Ce n'est pas pour moi que je me plains, c'est pour eux. Que vont-ils devenir ?

Elle pleuroit si amèrement, ajouta Vincent, que j'étois prêt à pleurer comme elle. Je n'avois pas d'argent à lui donner. Je n'avois que mon poisson. Je lui ai demandé combien on pourroit le vendre. Oh ! mon cher Monsieur, m'a-t-elle dit, après l'avoir regardé, voilà deux belles truites! On les vendroit bien quarante sous la pièce.

Et croyez-vous que vous trouveriez à les vendre ce soir, si vous les aviez?

Oh! oui, je saurois bien où m'en défaire. Mais je ne veux pas vous priver de votre poisson.

Quand j'ai vu que les choses ne tenoient plus qu'à cela, je l'ai tant pressée qu'enfin elle a bien voulu accepter les deux truites; et alors elle est partie à grands pas pour les aller porter à la ville.

La pauvre femme! s'écria madame de Gersin. Elle a dû être

bien contente de toi, et je le suis encore plus, mon cher fils. Mais tu avois de l'argent ce matin. Qu'en as-tu donc fait ?

VINCENT.

Ne me le demandez pas, maman, je vous prie, c'est un secret à présent.

Mme DE GERSIN.

A la bonne heure. Je suis persuadée que tu n'en as pas fait un mauvais usage. Je rougirois de moi, si une curiosité indiscrète me faisoit desirer de savoir ce que tu crois devoir me cacher. Je ne trouve rien de si importun que cette avidité de savoir ce que

font les autres , qui devient d'autant plus pressante , qu'ils cher-
chent avec plus de soin à nous en
faire un mystère.

VINCENT.

Non , maman , je n'ai point
de secrets pour vous. Je desire
seulement que personne n'en sa-
che rien , jusqu'à ce que......

Mme DE GERSIN, l'interrompant.

C'en est assez , mon cher fils.

LYDIE.

J'ai aussi un secret , maman.
Personne au monde ne le connoît
que Julie. Ne va pas au moins le
dire , ma sœur.

Mme DE GERSIN.

Non, elle ne le dira pas, je t'assure ; et quand elle viendroit me le découvrir, je ne voudrois pas l'écouter. Je vous ai dit souvent que je respectois les secrets des autres. C'est un devoir pour les gens bien élevés. Je serois bien fâchée que quelqu'un qui m'appartient ne fût pas capable de garder un secret qu'on lui auroit confié. Mais je m'aperçois que notre longue promenade vous a fatigués, et qu'il est temps d'aller nous reposer dans le salon.

Le lendemain au matin, Vin-

cent se leva de très-bonne heure,
et ayant pris son violon, il alla
jouer ses plus jolis airs à la porte
de Lydie, et lui fit compliment
sur son jour de naissance. Lydie
se leva aussitôt pour aller embrasser sa maman dans son lit.
Comme elle étoit au bout du
corridor, le premier objet qui
s'offrit à ses yeux fut son petit
agneau, qui avoit un ruban rose
à son cou, et des grelots qu'il
secouoit d'un air étonné. Elle
eut beau demander à sa maman
et à ses sœurs qui lui avoit fait
cette galanterie, elle n'en put
tirer aucune information; tous
les gens de la maison, qu'elle

questionna, n'en savoient pas davantage. Après y avoir un peu rêvé : Oh ! maman, s'écria-t-elle, j'ai deviné ; il faut que ce soit Vincent. Vous savez qu'il nous dit hier qu'il avoit un secret. C'est lui, c'est lui, j'en suis sûre ! Oh ! le bon frère, combien je l'aime ! Tout le monde, en effet, doit l'aimer, dit madame de Gersin ; il est si attentif et si prévenant ! Je voudrois bien aussi le payer de retour, répondit Lydie. Que ne puis-je savoir comment je pourrois lui faire plaisir ! Ce souhait est fort aimable de ta part, repartit madame de Gersin ; mais sois tranquille : ton frère est déjà payé par le plaisir qu'il a eu de te faire cette jolie surprise. Crois-moi, la générosité dans les sentimens est sa propre récompense. Si les personnes qui ne s'occupent que d'elles-mêmes vouloient, pendant un mois seulement, s'exercer à des actions nobles et bienfaisantes, elles trouveroient un charme si doux dans cette jouissance que, par intérêt même, elles feroient du bonheur des autres leur propre bonheur.

LYDIE.

Je l'avois déjà senti, maman. Je me réjouis de voir mon petit agneau frétillant de joie, lorsque

je le nourris et que je le caresse ;
je crois que le plus grand bonheur seroit de rendre heureux
tout ce qui respire.

Mme DE GERSIN.

Embrasse-moi, ma chère Lydie ; conserve toujours ces dispositions et ces sentimens. Quand
tu ne les trouverois pas dans les
autres, que cela ne t'empêche
pas de les cultiver. Au lieu de te
faire une excuse des mauvais
exemples, pense combien il seroit mal à toi, qui t'indignes si
souvent aujourd'hui de la bas-
sesse d'un méchant caractère, si
tu venois à lui ressembler. Quel

12

honneur au contraire ne te reviendroit-il pas, si les méchans, en voyant ta douceur, ton désintéressement et ton humanité, renonçoient à leurs vices, pour se former sur le modèle de tes vertus !

LYDIE.

Lève-toi, maman, je te prie, allons chercher mon frère.

Mme DE GERSIN.

Oui, ma fille, courons l'embrasser. Je suis bien sûre que tous les plaisirs qu'il auroit pu goûter avec son argent ne valent pas celui que vous allez avoir l'un et l'autre; et plus vous avan-

le Secret dévoilé.

la Générosité et la Reconnaissance.

cerez en âge, plus vous serez sensibles à ces jouissances pures et délicieuses.

CHAPITRE XIV.

LE SECRET DÉVOILÉ.

CE même jour, tandis que Lydie étoit occupée à travailler auprès de sa maman, un domestique entra, et dit qu'il y avoit à la porte un petit garçon et une petite fille qui demandoient à parler à Lydie. Lydie rougit, et sa mère lui ayant demandé qui pouvoient être ces enfans, elle répondit avec vivacité ، C'est apparemment Louison et son frère. Voulez-vous me permettre de les aller trouver ? mais je voudrois y aller toute seule. Je vous présenterai Louison avant qu'elle s'en retourne.

Le consentement de madame de Gersin ne fut pas difficile à obtenir ; et Lydie, ayant couru dans sa chambre pour y prendre un petit carton, eut bientôt descendu l'escalier et traversé la cour.

Arrivée à la porte du château, elle vit Louison qui tenoit une jolie petite corbeille de jonc avec des nœuds de ruban aux quatre coins, et des feuilles fraîches par-dessus.

Louison s'empressa de présenter sa corbeille à Lydie, et lui dit que la servante qui étoit venue lui dire de passer ce matin lui ayant appris que c'étoit son jour de naissance, elle s'étoit mise aussitôt à finir sa corbeille, et qu'elle la prioit de l'accepter.

Elle est vraiment fort belle, lui répondit Lydie, et je l'accepte avec plaisir. Elle écarta aussitôt les feuilles qui la couvroient, et vit qu'elle étoit pleine de petits gâteaux, sur lesquels Louison avoit mis quelques rameaux de sorbier avec leurs fruits.

LYDIE.

Et où as-tu pris cela, Louison ? C'est beaucoup trop pour moi, et je ne veux pas le prendre.

LOUISON.

Ah ! mamselle, vous me feriez bien de la peine de le refuser. C'est ma mère qui a fait les gâteaux, et moi j'ai cueilli les sorbets et j'ai fait la corbeille.

LYDIE.

C'est toi qui as fait cette jolie corbeille, Louison ? Voudrois-tu bien m'apprendre un jour à les faire ?

LOUISON.

Ce sera avec grand plaisir, mamselle, si votre maman daigne me le permettre ; mais, je vous en prie, prenez d'abord celle-ci, elle vous servira de modèle.

LYDIE.

Je vois qu'il n'y a pas moyen de te refuser ; mais sais-tu bien, Louison, pourquoi je t'ai fait prier de passer ici ?

En disant ces mots, Lydie ouvrit son carton, et en tira un chapeau neuf de paille, entouré d'un large ruban vert, avec des rosettes devant et derrière, et

des cordons verts pour se nouer
sous le cou. Elle fit quitter à
Louison celui qu'elle portoit, et
lui mit le sien à la place. Louison
fut enchantée de sa nouvelle parure; mais Lydie n'avoit pas
moins de plaisir à la parer.

Elle tira ensuite de son carton
un joli fourreau d'indienne, dont
elle habilla le petit garçon avec
plus de plaisir qu'elle n'en avoit
jamais eu à habiller sa poupée,
quoiqu'il ne fût pas, à beaucoup
près, aussi tranquille; car il ne
faisoit que se tordre de tous côtés pour regarder les fleurs pein-
tes sur son fourreau.

Lorsque cette toilette fut achevée, Lydie prit les enfans par la main, et les conduisit dans la chambre de sa mère.

Maman, s'écria-t-elle en entrant, je vous avois dit que j'avois un secret : le voici. Comment trouvez-vous mes petits amis ?

Mme DE GERSIN.

Fort bien, en vérité. Mais qui leur a donné tout cela ? Ce n'est pas toi, sans doute. Tu n'avois pas assez d'argent.

LYDIE.

Il est vrai, maman, que ma bourse n'y auroit pas suffi sans une grande économie ; mais j'en suis pourtant venue à bout. Ne

vous souvenez-vous pas que je
ne voulus pas l'autre jour acheter une corbeille comme mes
sœurs? et voyez maintenant celle
que Louison vient de me donner:
elle est bien plus jolie que les
autres. J'ai eu le chapeau et le
ruban du fruit de mes épargnes.

Mme DE GERSIN.

Et le fourreau, comment as-
tu pu te le procurer? Voyons,
il me semble que j'en reconnois
l'étoffe.

LYDIE.

Vraiment oui. C'est ce coupon
d'indienne que ma tante m'avoit
donné pour en faire une robe de

chambre à ma grande poupée. Ma sœur m'a dit qu'il y en auroit assez pour en faire un fourreau au petit garçon. Elle a eu la bonté de me le tailler, et moi, je me suis chargée de le coudre.

Mme DE GERSIN.

Comment donc ! Je ne te croyois pas si habile ouvrière. Te voilà bien joyeuse, n'est-ce pas ? Eh bien, ma fille, c'est la preuve de ce que je te disois encore ce matin, sur le plaisir qu'il y a de faire de bonnes actions. Je suis sûre que tu n'as jamais eu tant de joie d'un chapeau pour toi-même, ou d'une robe pour ta poupée.

LYDIE.

Oui, maman, il est vrai. Louison et son frère sont si contens !
Qui ne se réjouiroit pas de rendre les autres heureux ?

Mme DE GERSIN.

Ce n'est pas tout. Il faut qu'ils
aillent aussi porter ce plaisir à
leur mère. Je les vois déjà dans
l'impatience de lui montrer leurs
présens. Tu ferois bien de les
laisser partir.

Lydie qui avoit appris à obéir
aux moindres signes de volonté
de sa mère, renouvela ses re-
merciemens à Louison pour la
jolie corbeille qu'elle en avoit

reçue. Elle la pria, avec la permission de sa maman, de venir bientôt lui apprendre à tresser le jonc pour en faire des corbeilles et des paniers, et lui dit qu'elle pouvoit aller rejoindre sa mère.

Louison fit une douzaine de révérences. Le petit garçon tira autant de fois le pied en arrière, en baisant le bout de ses doigts, et ils partirent.

Lydie eut alors le temps de montrer à sa maman la corbeille et les gâteaux, et elle les alla poser sur une encoignure, en disant qu'ils serviroient pour leur goûter.

Tous les enfans du voisinage

avoient été invités à cette petite fête. Lydie en fit les honneurs avec beaucoup de grace. Madame de Gersin n'avoit rien négligé pour que sa fille régalât abondamment ses amis. Le gâteau dont elle s'étoit chargée fit un excellent effet dans la colation ; mais il faut l'avouer, la corbeille de Louison y joua le plus beau rôle, et c'est elle qui procura le plus de plaisir à Lydie, en lui rappelant le souvenir d'un acte de bienfaisance.

Au milieu de ce repas joyeux, un domestique vint apporter une petite boîte à l'adresse de Lydie : elle s'empressa de l'ouvrir, et y trouva un service de porcelaine complet pour sa poupée , avec un billet pour lui apprendre que c'étoient les cadeaux réunis de ses frères et de ses sœurs.

Ce fut une nouvelle scène de joie pour son cœur sensible et reconnoissant : les larmes lui en vinrent aux yeux, mais c'étoient des larmes de tendresse ; et le reste de la soirée se passa en mille petits jeux amusans , où elle eut l'attention de veiller à ce que tout le monde prît sa bonne part du plaisir qu'elle leur procuroit.

CHAPITRE XV.

LA
GÉNÉROSITÉ ET LA RECONNOISSANCE.

Quelques jours après, Lydie revenoit de la promenade avec sa bonne : elle entra toute baignée de pleurs dans la chambre de sa maman, et lui dit qu'elle venoit de laisser la mère de Louison dans la plus grande désolation.

Mme DE GERSIN.

Et que lui est-il donc arrivé, ma chère fille ?

LYDIE.

Ah! maman, elle doit quatre louis à M. Duru pour le loyer de sa maison, et parce qu'elle n'a pas aujourd'hui assez d'argent pour le payer, il veut lui faire vendre tout ce qu'elle a, et la mettre sur le pavé. La pauvre femme et ses enfans jetoient des cris si pitoyables, que j'en ai encore le cœur tout saisi.

La pauvre femme disoit qu'elle seroit donc obligée de se mettre, avec ses enfans, à la charité de la paroisse, qu'elle mourroit de cette humiliation.

Louison se désespéroit de voir pleurer sa mère. Pour le petit

13 *

garçon, il prioit en grace les sergens de lui laisser son lapin. Oh !
ma chère maman ! il faut secourir cette pauvre madame Dutems. Si tu as la bonté de parler
à M. Duru, je suis persuadée
qu'il ne voudra plus la traiter
avec tant de rigueur.

Mme DE GERSIN.

Ma chère fille, je connois M.
Duru mieux que toi ; il ne sera
pas possible de l'arrêter dans
une affaire où il court après son
argent. A l'égard des quatre louis
dont madame Dutems auroit besoin pour s'acquitter, c'est une
somme dont je ne puis disposer
en ce moment-ci. D'ailleurs tu

sais que je dois des secours à d'autres malheureux qui se trouvent aussi dans la peine.

LYDIE.

Oh ! si tu avois vu leur désespoir ! Eh quoi ! je ne pourrai donc rien faire, ni toi non plus, pour la mère de ma pauvre Louison ?

Mme DE GERSIN.

J'en ai un vif regret, je t'assure. Mais d'où vient que tu me regardes d'un air si pensif ? As-tu quelque argent ?

LYDIE.

Non, maman, je n'en ai pas. Mais tu sais que tu devois me donner un corset et un jupon de taffetas rose, pour mettre sous mon fourreau de mousseline. Combien est-ce que cela t'auroit coûté ?

Mme DE GERSIN.

Environ deux louis.

LYDIE.

Hélas ! ce ne seroit encore que la moitié.

Mme DE GERSIN.

Que veux-tu dire, ma fille ? Est-ce que tu renoncerois à cet habit, qui sembloit te faire tant de plaisir ?

LYDIE.

Ah ! maman, j'en aurois bien

davantage à tirer cette pauvre famille d'embarras.

Mme DE GERSIN.

Viens, que je t'embrasse, ma chère Lydie : je veux profiter du noble exemple que tu me donnes. J'avois dessein d'acheter un tapis pour mon cabinet de toilette : je m'en passerai encore cette année. Au moyen du petit sacrifice que nous ferons chacune de notre côté , nous pourrons secourir l'honnête madame Dutems.

LYDIE.

Ah ! maman, que nous allons la rendre joyeuse ! Donne-moi l'argent , que je lui porte tout de suite. Je ne me sens pas fatiguée de ma promenade.

Mme DE GERSIN.

Je veux y aller avec toi. Va reprendre ton chapeau et tes gants.

Lydie courut aussi vite que l'éclair, et fut bientôt de retour. Elle se mit en marche avec sa mère, dont elle sembloit précipiter les pas par son impatience.

Les premiers objets qu'elles aperçurent en arrivant chez madame Dutems, ce fut ses petits écoliers qu'on avoit fait sortir de l'école, et qui, rassemblés devant la porte, en divers pelotons, versoient des larmes et poussoient des cris.

Tous les meubles de la maison avoient été déjà tirés de leur place : un homme d'une physionomie rébarbarative venoit de faire jeter les matelas et la paillasse par la fenêtre. Le petit garçon, debout contre la muraille, dans un coin de la cour, avoit les yeux fixement attachés sur lui, et disoit en sanglotant : Où est-ce que ma mère ira coucher ? Et moi donc ? M. Duru a tant de beaux lits ! qu'est-ce qu'il fera de celui-ci ?

Lydie lui ayant demandé où étoit sa mère, il fit signe qu'elle étoit dans le jardin. Comme elle le traversoit pour aller la joindre avec sa maman, elles virent un autre homme qui alloit renverser un treillage pour l'emporter. Madame de Gersin le pria de vouloir bien suspendre un moment, et continua sa marche. Au bout du jardin, elles aperçurent Louison et sa mère sous un berceau qu'elles avoient pris beaucoup de peine à orner de roses et de chèvrefeuille. Elles pleuroient amèrement, croyant y être assises pour la dernière fois de leur vie. Le perroquet étoit perché sur un arbre voisin, et sembloit redoubler leur douleur en répétant sans cesse : Jaco, Jaco, allons, mon ami, de la joie.

En ce même moment, elles virent entrer dans le jardin une jeune fille, qui passa brusquement auprès d'elles, et courant avec précipitation vers madame Dutems, qui s'étoit levée pour venir à leur rencontre, se jeta dans ses bras, et lui dit du ton le plus affectueux : Graces au ciel, ma cousine, je suis arrivée encore à temps. Aussitôt que j'ai appris ton malheur, j'ai quitté mon service pour venir à ton secours. Voici de quoi payer ta dette, et renvoyer ces vilaines gens hors de ta maison.

La pauvre femme la regardoit avec surprise, et une admiration muette. Elle fondit bientôt en larmes, et lui répondit à travers mille sanglots : Non, ma chère cousine, que Dieu me préserve de recevoir tes offres. Je puis supporter mes peines; mais je ne supporterois jamais la pensée de t'avoir ôté le pain de la bouche. Pourquoi renoncer à une place qui te faisoit gagner ta vie? Et puis cet argent ne te vient pas seulement de tes gages. Je le vois, tu auras vendu tes habits. O ciel! ce n'étoit donc pas assez d'être malheureuse pour moi; il faut que je sois encore la cause de ton malheur!

Pendant ce discours entre les deux généreuses cousines, madame de Gersin avoit eu le temps de s'avancer jusqu'à elles. Au milieu de son agitation, madame Dutemps n'oublia pas de lui rendre ses respects. La jeune fille s'étoit aussi interrompue pour la saluer ; mais elle reprit aussitôt : Va, va, ma cousine ne t'embarrasse pas de ce qui me regarde. Je suis jeune, et je puis gagner mon pain. Après tout ce que tu as fait pour moi, je serois la plus indigne créature de l'univers si je ne venois à ton secours. Sans toi je ne vivrois plus maintenant ; ou si je respirois encore, je serois dans une maison de charité. Lorsque j'ai eu l'année dernière,

cette fièvre opiniâtre , c'est toi
qui m'as veillée , c'est toi qui
m'as reçue dans ton lit, c'est toi
qui as payé les remèdes de ton
argent , pour m'empêcher de
vendre mes hardes ; et ces hardes
m'appartiendroient encore ! Non
non , elles ne sont plus à moi :
c'est à toi qu'elles appartiennent.
L'argent que tu as dépensé pour
ma maladie auroit payé ton
loyer pour deux ans. Tu vas bri-
ser mon cœur si tu me refuses.
Mais qu'ai-je besoin de perdre
le temps en vaines disputes, lorsque je puis terminer l'affaire moi-
même ? En disant ces mots , elle
alloit courir vers les sergens ,

lorsque madame de Gersin, la retenant par le bras, lui dit : Je n'ai pas voulu interrompre ce débat généreux, et j'ai attendu pour voir quelle en seroit l'issue. Ne soyez plus en peine, ma chère amie, de la dette de votre cousine : nous sommes venues, ma fille et moi, pour l'acquitter ; c'est Lydie qui en est chargée. Daignez, je vous prie, madame Dutems, recevoir de ses mains ces quatre louis : ils avoient une autre destination, je l'avoue ; mais cette jouissance ne nous auroit pas donné sûrement la moitié du plaisir que nous goûtons à vous obliger.

14 *

Quant à vous, généreuse fille, quoique votre conduite soit au-dessus de toutes les louanges humaines, je desirerois bien cependant pouvoir vous témoigner combien j'en suis satisfaite.

Il fut impossible à madame de Gersin de continuer, émue, comme elle l'étoit, des sentimens de joie et de reconnoissance que ces braves gens faisoient éclater. Pour les distraire de leur attendrissement, elle n'eut d'autre moyen que de les ramener vers la maison, pour empêcher que l'on ne continuât d'en enlever les meubles.

Lorsque la dette fut acquittée

et les sergens congédiés, madame Dutems fut en état de converser plus tranquillement avec ses bienfaitrices. Au milieu des transports de sa joie, elle exprima tendrement à sa cousine combien elle étoit fâchée de la voir exposée au péril de perdre sa place.

La jeune fille lui répondit qu'elle n'avoit pas eu un moment de repos depuis qu'elle avoit appris de l'une de ses amies, qui étoit venue la voir, que le propriétaire de la maison de madame Dutems étoit impitoyable envers elle, et qu'il la menaçoit chaque jour de lui faire vendre ses meubles pour le loyer. Elle

étoit aussitôt allée vers sa maîtresse, et lui avoit dit qu'une de
ses parentes à la campagne avoit
un pressant besoin de ses secours :
elle lui avoit en même temps demandé son congé.

Ton congé ! s'écria doulou-
reusement madame Dutems.

Il le falloit bien, ma cousine,
reprit la jeune fille. Dans une
maison où mes services étoient
si multipliés, en m'absentant
pour deux jours seulement, je
devois m'attendre à voir ma place occupée à mon retour par une
autre. Et puis comment oser y
reparoître, après m'être défait
de mes habits ?

Il faut aller tout de suite les racheter, lui dit madame de Gersin : je me chargerai volontiers de ce qu'il vous faudra de plus, ainsi que de tous les frais de voyage. Quant à une place, n'en soyez point en peine : la bonne de mes enfans va bientôt se marier et quitter la maison : je vous retiens d'avance pour lui succéder. Je serai charmée de voir mes enfans sous la conduite d'une personne qui vient de montrer des sentimens si généreux.

Madame Dutems et la jeune fille ne furent pas maîtresses, à ces paroles, de retenir les transports de leur joie ; elles se précipitèrent l'une et l'autre aux pieds de madame de Gersin, qui ne voulut les recevoir que dans ses bras. Lydie, qui avoit conçu la plus tendre estime pour la jeune fille, fut ravie d'entendre qu'elle alloit bientôt vivre auprès d'elle, et l'accabla de caresses.

Cette scène étoit trop vive pour pouvoir durer plus long-temps. Madame de Gersin jugea qu'il étoit à propos de se retirer.

La jeune fille, au bout de quelques jours, fut en état de remplir ses nouvelles fonctions auprès de Lydie et de ses sœurs; et madame de Gersin rendit graces au ciel de lui avoir inspiré le

choix d'une personne si précieuse
pour l'éducation de ses enfans.

P. S. Dès le jour où madame
de Gersin entreprit d'écrire chaque soir le journal de la conduite
de sa fille, Lydie eut tant de
peur que l'histoire ne fût pas à
son avantage, qu'elle n'entroit
jamais au lit sans chercher à se
rappeler comment elle avoit passé la journée, et si elle avoit sujet
d'être satisfaite ou mécontente
d'elle-même. Lorsque sa cons-
cience lui reprochoit quelque
faute, la honte et le chagrin
qu'elle en ressentoit, la condui-
soient naturellement à réfléchir

comment elle auroit pu l'éviter.
Le matin, à son réveil, l'idée
du journal étoit la première qui
frappoit son esprit. Elle pensoit
à tout ce qu'elle pouvoit faire de
bien dans la journée ; et s'il lui
étoit arrivé, la veille, de mé-
contenter ses parens, elle consi-
déroit avec attention comment
elle devoit se conduire pour qu'ils
n'eussent plus désormais les mêmes reproches à lui faire.

Aussitôt que madame de Gersin vit sa fille entièrement corri-
gée des défauts dont elle avoit
voulu la faire rougir, en les lui
présentant dans son histoire, elle
négligea d'en suivre le cours.

Mais Lydie s'étoit si bien péné-
trée des avantages de cette mé-
thode, qu'elle résolut de la continuer elle-même avec la même
impartialité que sa maman. Rien
ne l'affermit autant que cette
pratique, dans le desir qu'elle
avoit de se perfectionner. L'exa-
men assidu de sa conduite lui
fit découvrir plusieurs petits défauts auxquels elle n'auroit pas
autrement fait attention. En tra-
vaillant aussitôt à s'en corriger,
elle empêchoit qu'ils ne dégéné-
rassent en habitudes vicieuses
qu'il lui auroit été peut-être impossible de déraciner. Je recom-
mande instamment cet exemple

à toutes les jeunes personnes qui veulent se faire un jour distinguer par leurs vertus ; et s'il en est une seule à qui les petites anecdotes que je viens d'écrire aient pu servir pour se rendre heureuse, et pour faire la joie de ses parens, je regarderai son bonheur comme la plus douce récompense de mon travail.

FIN.

TABLE

DES CHAPITRES.

Fin de la Table.